MAZE

FOR KIDS

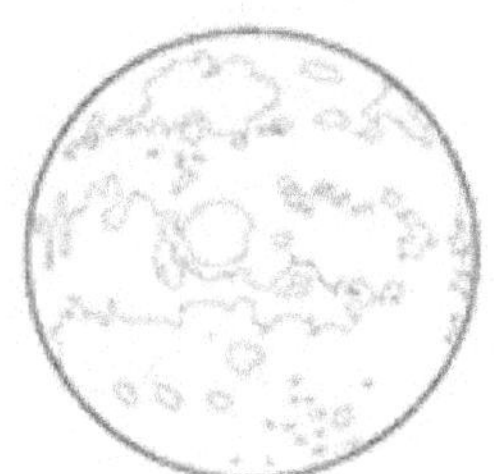

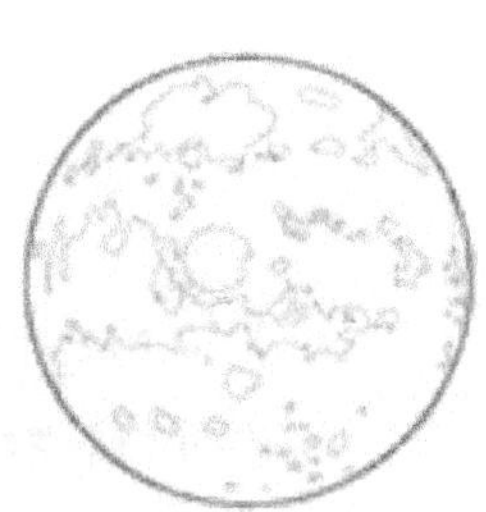

MAZE BOOK

MARS

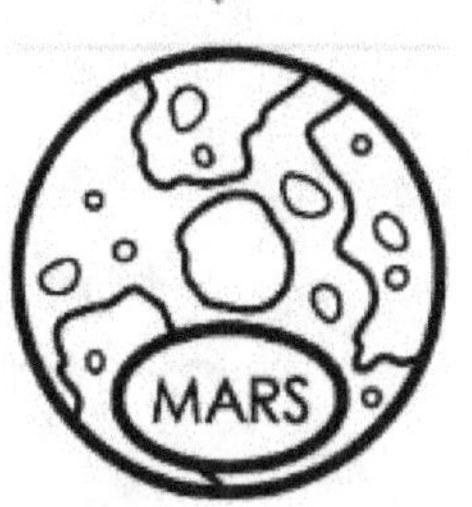

MARS

MARS

MARS

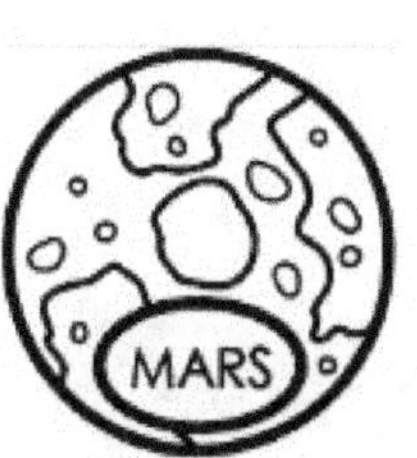

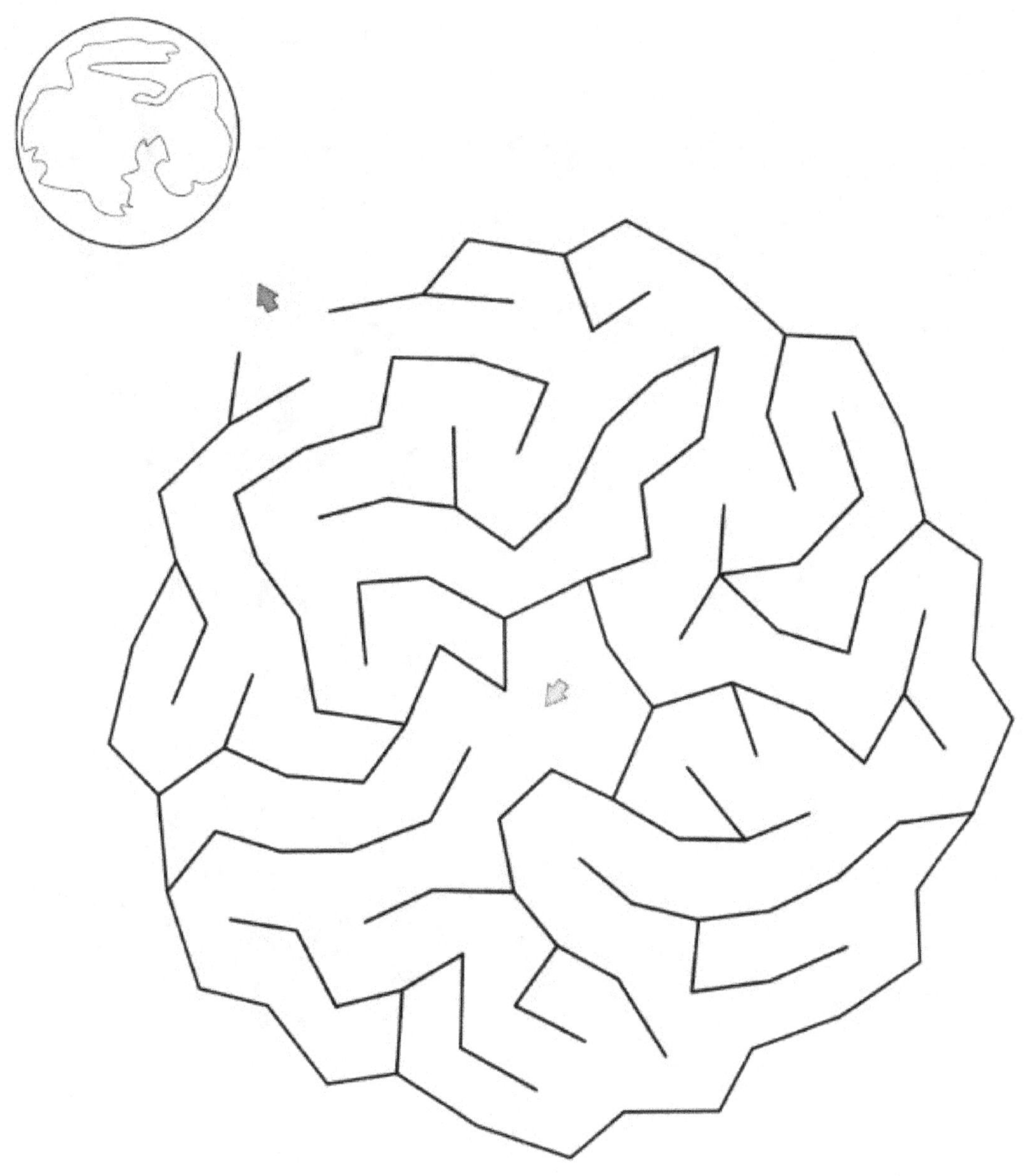

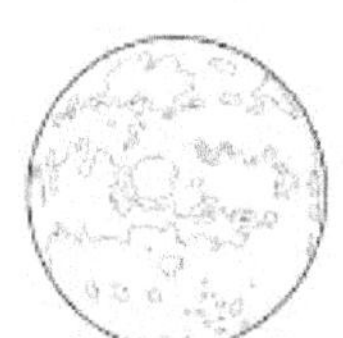

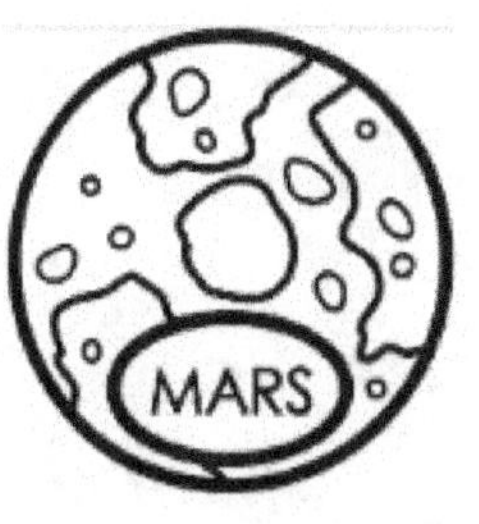

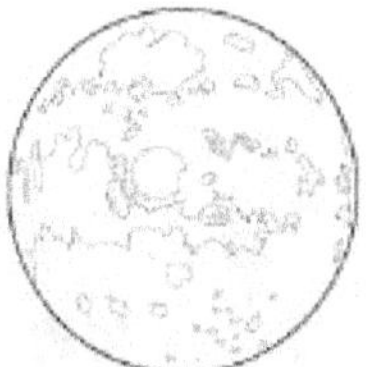

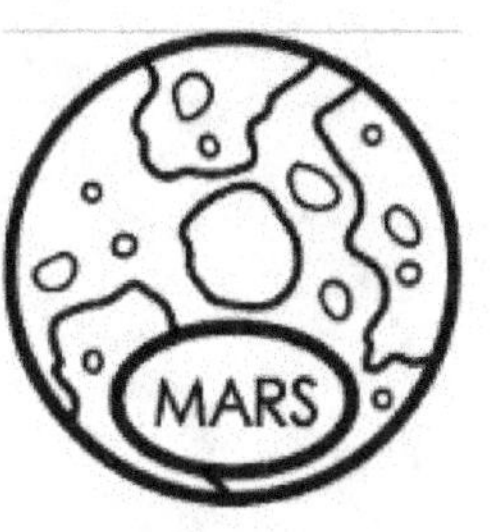

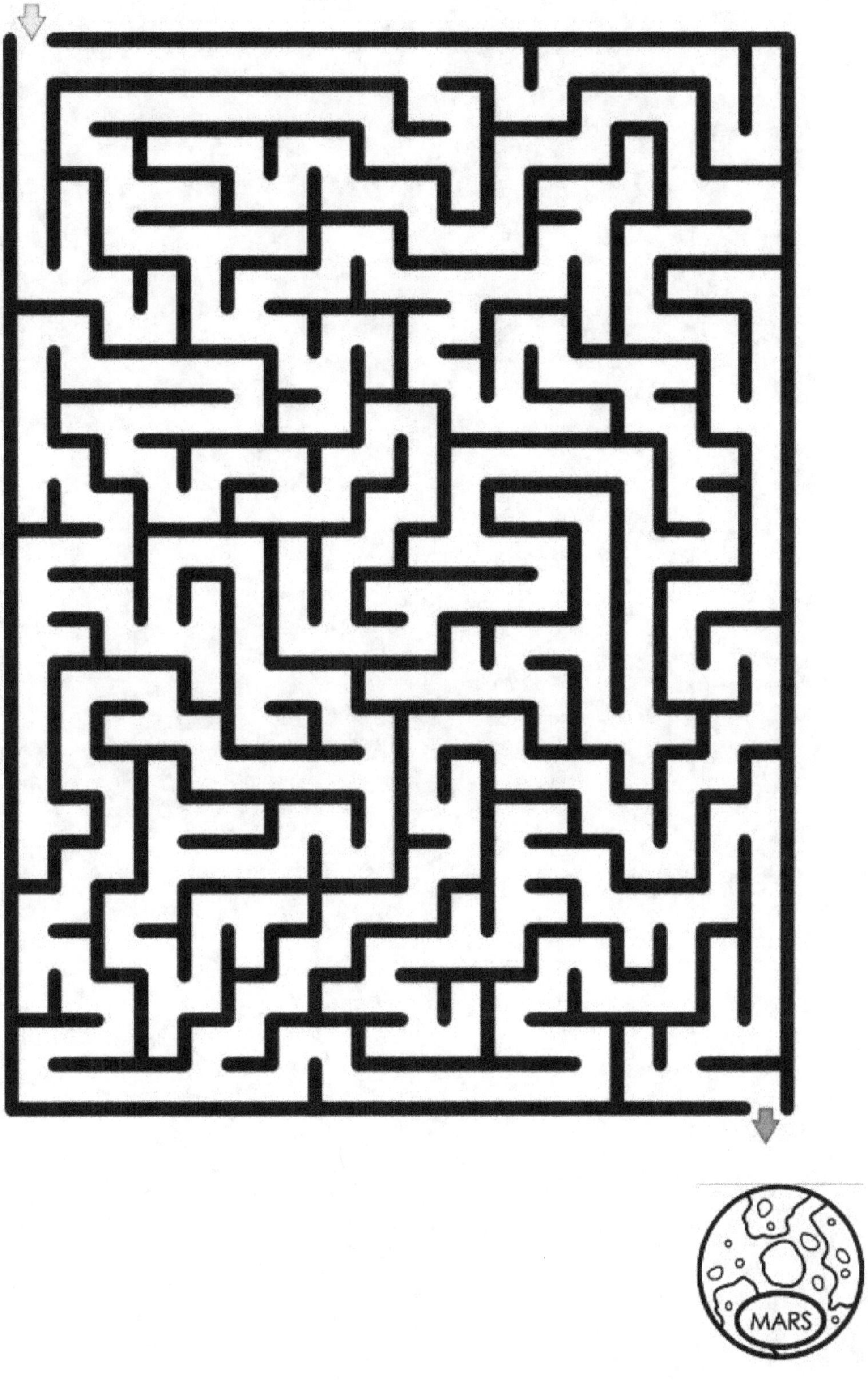

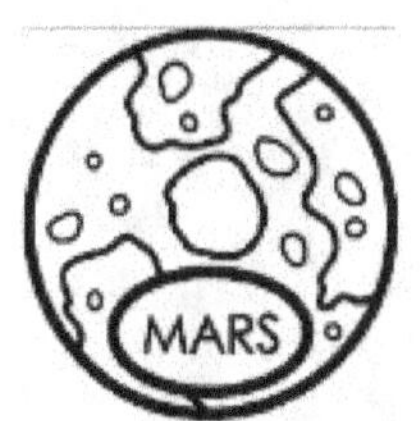

MARS

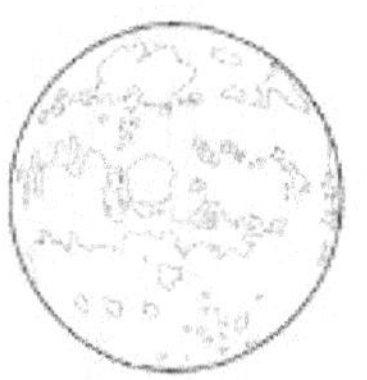

MARS

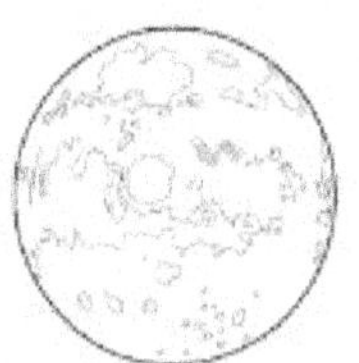

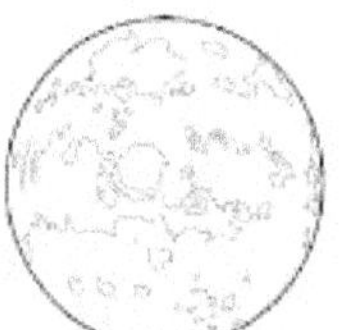

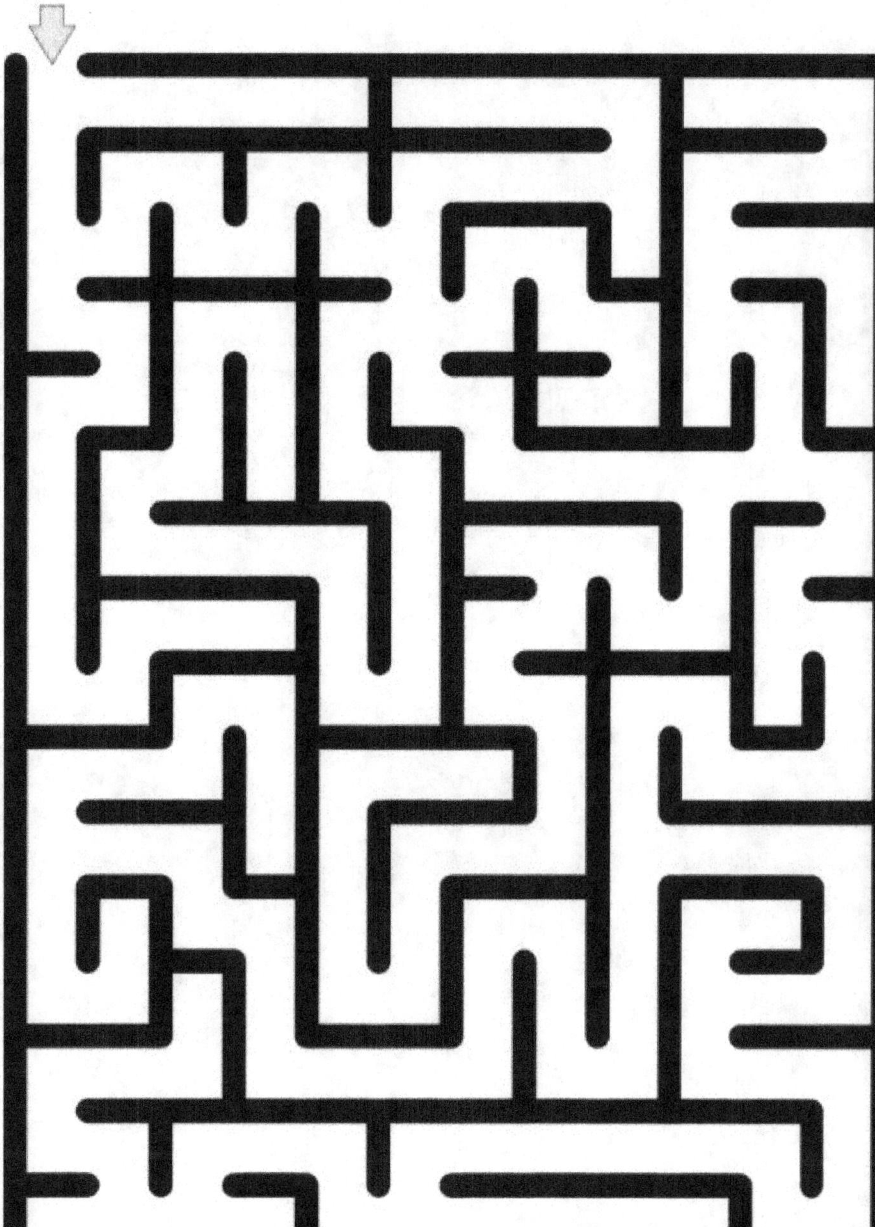

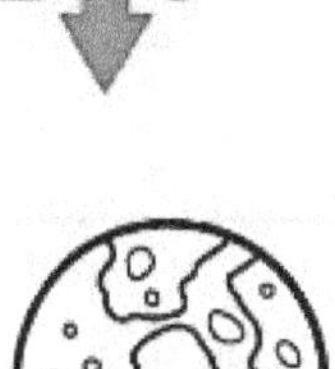

MARS

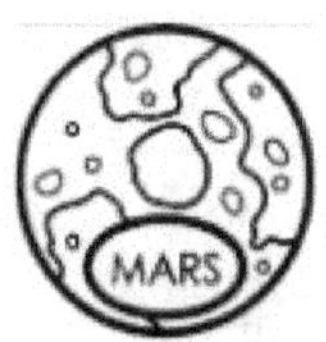

MARS

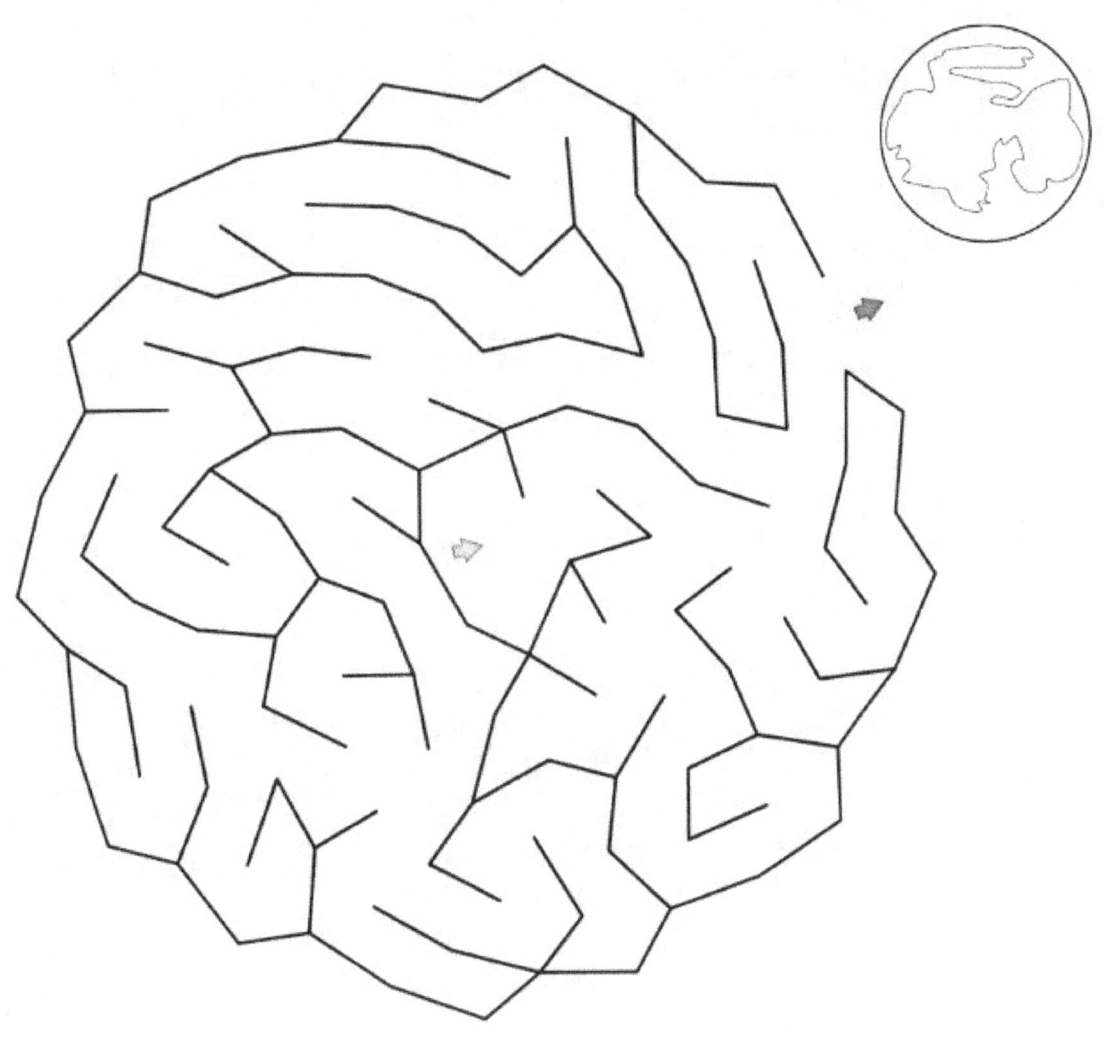

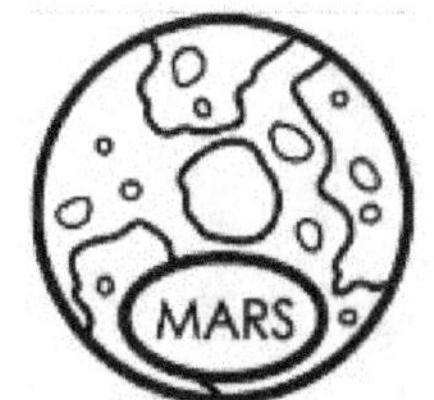

MARS

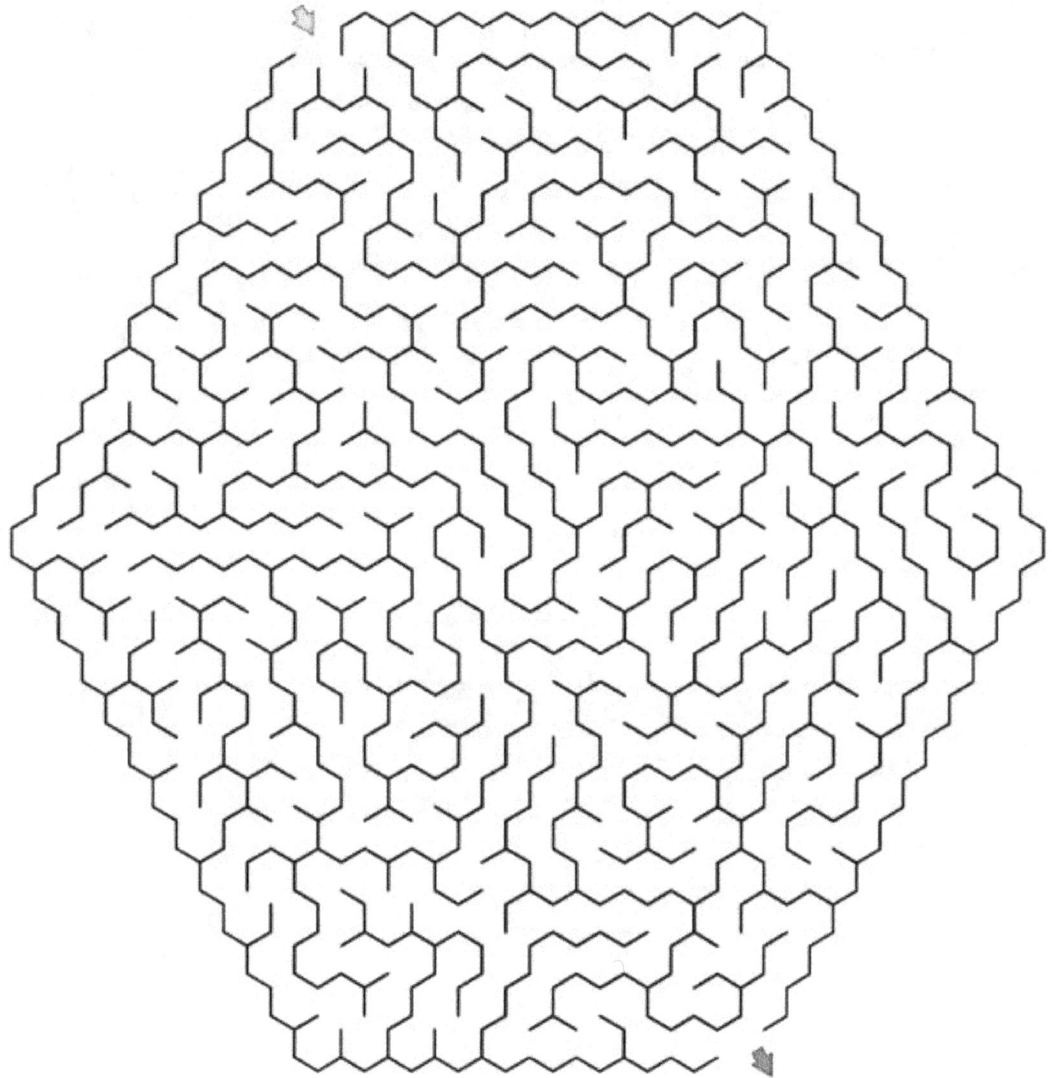

MARS

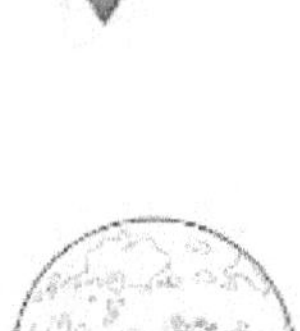

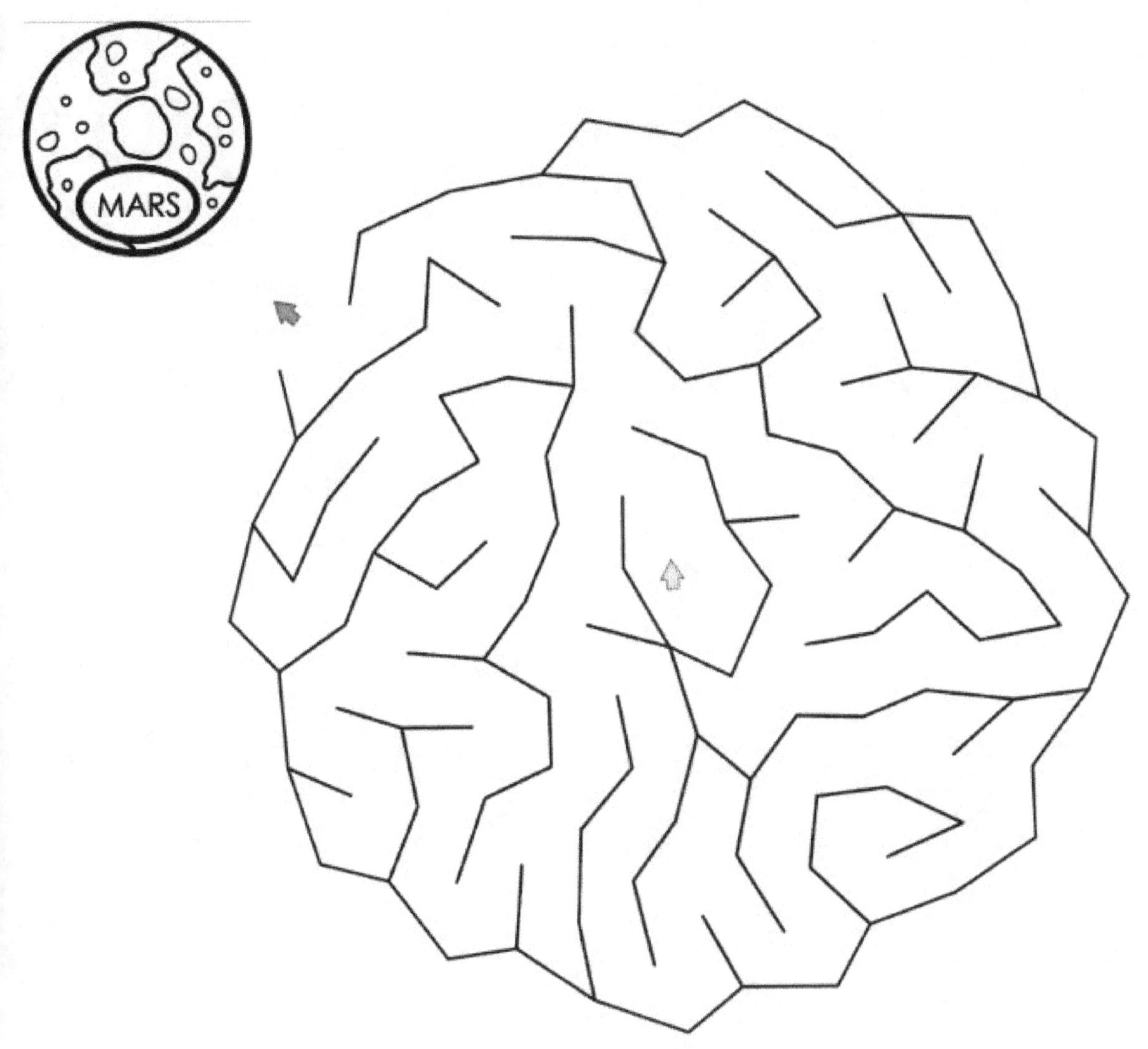

MARS

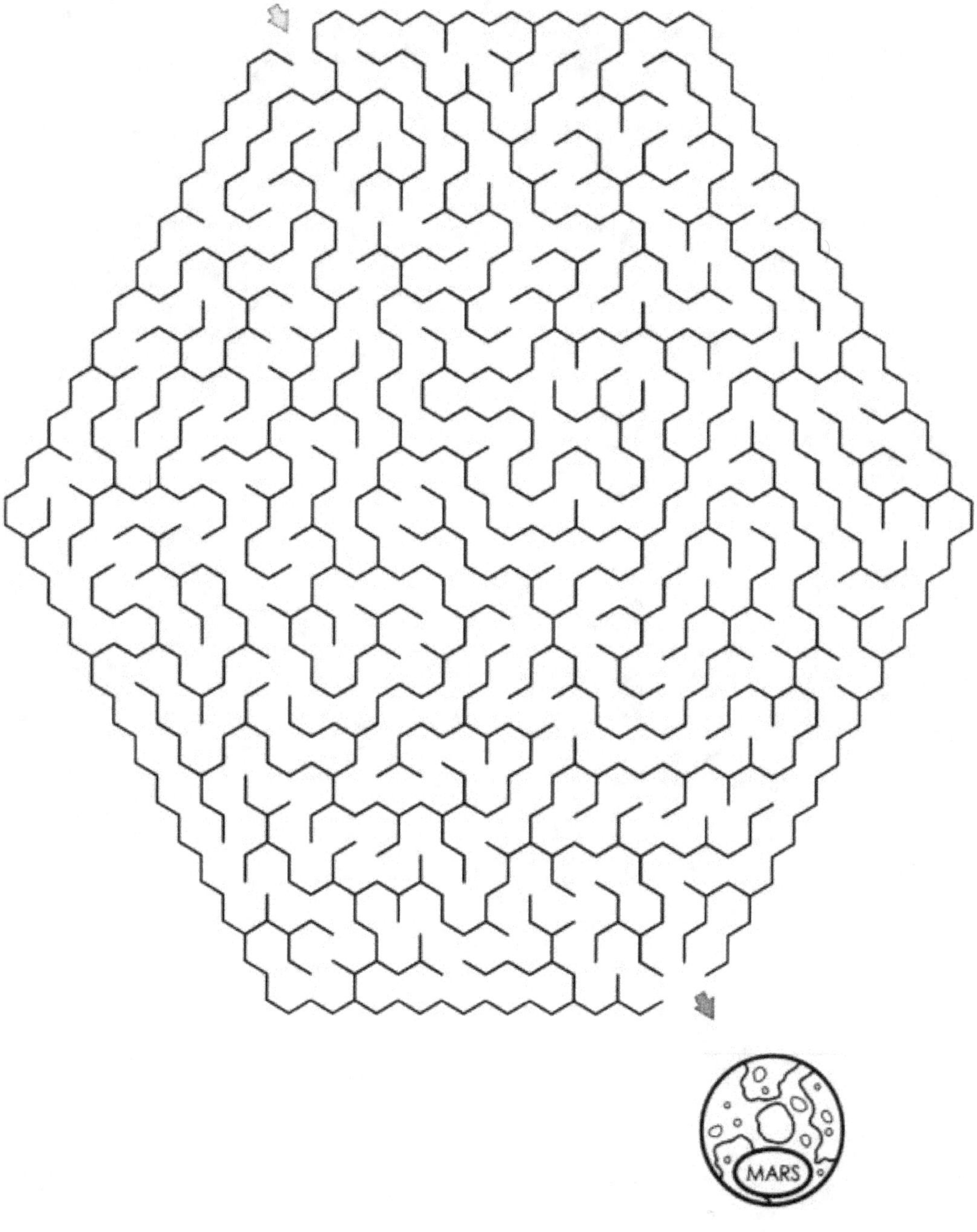

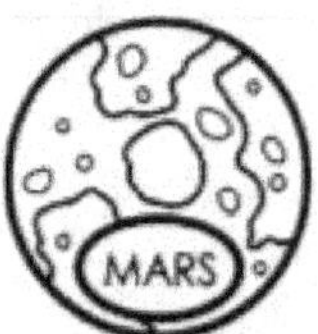

MARS